FEDERICO ZUCCHELLI

INVESTIRE IN COLLEZIONI

Trucchi e Consigli per Guadagnare
Collezionando e Valorizzando
i Tuoi Beni

Titolo

"INVESTIRE IN COLLEZIONI"

Autore

Federico Zucchelli

Editore

Bruno Editore

Sito internet

http://www.brunoeditore.it

Sommario

Introduzione

Bisogna confessarlo: chi non ha mai collezionato qualcosa? Che si tratti di farfalle, soldatini o delle più impegnative opere d'arte, il collezionismo è una febbre, o forse una mania, sicuramente un passatempo. Per qualcuno è anche uno strumento per fare soldi e un metro per misurare il proprio successo personale e finanziario. Il fattore che più facilita il collezionismo è sicuramente la sua semplicità. Non ci vogliono amicizie particolari, disponibilità consistenti, conoscenze assolute. Ci vuole costanza e tenacia. Deve essere stato difficile e faticoso collezionare le figurine dei calciatori della Panini dalle origini (1961) sino a oggi. Chi però ci è riuscito si ritrova oggi con un capitale stimato in 25-30.000 euro... e solo per delle figurine!

Immaginiamo allora quali potenzialità potrebbe avere il collezionismo di oggetti ben più importanti. Di una cosa siamo certi: le case degli italiani sono colme di piccoli tesori ancora inesplorati, il cui valore è da approfondire, proprio perché chi ne è il possessore, con frequenza, lo ignora.

Pertanto ho scritto questo breve manuale per indirizzare i collezionisti di piccoli e grandi oggetti, e soprattutto quelli che ancora non sanno di esserlo, verso un'efficiente gestione e valorizzazione dei propri beni, per spronarli a promuovere la loro passione e a diventare collezionisti all'ennesima potenza.

CAPITOLO 1:
Come guadagnare con le arti figurative

Pittura e scultura

La pittura è stata il mezzo espressivo più diffuso nell'arte antica e moderna. La sua importanza nell'arte contemporanea è più circoscritta e decisamente ridimensionata rispetto al passato. Dagli anni '60 in poi, una nuova ondata di concettualismo si è abbattuta sul mondo dell'arte. Le performance e le installazioni sono state lo strumento più appropriato per esprimere questi nuovi rigurgiti. La pittura, in parte abbandonata, si è successivamente vista privare anche dell'esclusiva dei pennelli. Oggi, infatti, con la computer art e con altre diavolerie, si può dipingere anche senza la tavolozza. La pittura rimane però centrale nella figurazione e nell'astratto-informale.

Le tecniche utilizzate sono quelle a olio, a tempera e ad acrilico. È diffusa anche la tecnica mista, che le mischia un po' tutte insieme. Di solito, nella descrizione di un'opera si menziona la tecnica (per esempio “olio”) e la superficie, che può essere una tela, una tavola, una carta o un cartoncino.

Nell’arte antica e in quella moderna, un quadro a olio sarebbe sempre costato di più rispetto a un altro eseguito con una qualsiasi altra tecnica. Stesso ragionamento è da fare per i quadri su tela rispetto a quelli su tavola e via dicendo. Nell’arte contemporanea queste affermazioni sono meno categoriche e possono sussistere vari casi in cui una tecnica mista costa più di un olio. Anzi, in futuro è probabile che il prezzo lo determini più la qualità dell’opera che le tecniche o il supporto usato.

I quadri realizzati su carta rappresentano indubbiamente un’ottima opportunità di investimento, perché permettono l’acquisto di quegli autori che, attualmente, per via dei prezzi troppo elevati, risulterebbero essere fuori portata. Se per un quadro a olio, per esempio, di Emilio Scanavino si può spendere dai 30 ai 40 mila euro, specialmente se realizzato negli anni ’50-’60, una carta non supera solitamente i 5-8 mila euro. Acquistare quindi le carte di artisti storici può essere conveniente, a patto che si punti sulla qualità.

Un fattore decisivo nella determinazione del prezzo di un quadro è rappresentato, com'è ovvio, dalle sue dimensioni. Quindi un semplice bozzetto non può essere comparato, a livello commerciale, a un'opera finita di vaste dimensioni. I quadri però sono come gli immobili: sopra una certa dimensione si svalutano. Se gli immobili sopra i 150 mq sono di più ardua vendibilità, lo stesso accade per i dipinti superiori ai 200 x 200, a meno che ad acquistarli non sia un museo o un'altra istituzione.

Del resto, in genere gli acquirenti sono collezionisti che vogliono collocare i quadri nelle proprie case e il più delle volte le pareti non hanno dimensioni tali da poter accogliere dipinti eccessivamente voluminosi. Il discorso cambia se l'acquirente è un museo, che per sua natura predilige opere di elevata dimensione, se non altro per l'effetto scenico che producono. Per i prezzi si può consultare un qualsiasi catalogo d'asta di case come Christie's Italia (www.Christies.com), Sotheby's Italia (www.sothebys.com), Farsetti arte (www.farsettiarte.it), Meeting art (www.meetingart.it).

Per avere notizie generiche e approfondire la propria cultura e conoscenza si consiglia inoltre la visione di questi siti e riviste on line in lingua italiana: www.exibart.com, www.arte.it, www.arslife.com, www.artnews.com, www.artvalley.org, www.gospark.it, www.dars.it, www.artefile.it, www.artimes.it, www.artinstitutions.it, www.museionline.it.

In lingua inglese invece si possono consultare, tra gli altri: www.artmonthly.co.uk, www.artnet.com, www.modernpainters.co.uk, www.yishujournal.com (arte cinese), www.artreview.com, www.nyartsmagazine.com, www.recirca.com, www.contemporary-magazine.com, www.artpress.com, www.asrc.cornell.edu (arte africana).

Per avere riscontri più puntuali si può fare anche riferimento al mio precedente corso pubblicato da Bruno Editore *Investire in arte moderna e contemporanea*.

Passando dalla pittura alla scultura, bisogna riconoscere che è stata un mezzo espressivo ampiamente diffuso nell'arte antica e in quella moderna. Nel Rinascimento ha rappresentato una valida alternativa, qualitativa e quantitativa, alla pittura. La scultura è ancora in voga tra gli artisti contemporanei che, però, raramente vi si dedicano in modo esclusivo. L'Italia ha avuto ottimi scultori nel dopoguerra, tra cui il "classico" Giacomo Manzù, Marino Marini, Umberto Mastroianni, Giò e Arnaldo Pomodoro, Fausto Melotti, Alberto Viani, Ettore Colla ecc.

La maggior parte di questi artisti si è votata completamente alla scultura. Non è il caso di Marino Marini, lo scultore italiano più quotato che, nel 2010, all'Italian Sales di Londra ha raggiunto, per l'opera scultorea *Cavaliere*, il nuovo record di 5 milioni di euro. Piuttosto sostenute sono anche le quotazioni di Arnaldo Pomodoro. Una sua *Sfera* del 1976 è stata battuta da Sotheby, nel 2010, alla cifra di 420 mila euro.

Nonostante questo, chi si è dedicato totalmente alla scultura e non è considerato un gran maestro, ha difficoltà a navigare sul mercato dell'arte. Il motivo è presto detto e risiede in primo luogo nell'attenzione collezionistica. La scultura ha un pubblico molto selezionato, di nicchia, e gli amanti di questa disciplina non sono molti.

Per chi è interessato a comprare, il consiglio è quello di non aver fretta di rivendere. La liquidabilità di un'opera scultorea, infatti, di solito è inferiore a quella di una pittorica. Per avere notizie utili su questo mondo, si può consultare il sito www.thais.it.

SEGRETO n. 1: la pittura e la scultura sono le due forme d'arte che, per tradizione e facilità di lettura, hanno il maggior numero di collezionisti.

Disegni e grafica

Se dai pennelli si passa ad altri strumenti come il carboncino, il pastello, la matita o la china, si avranno opere a metà tra la pittura e la grafica che, sul mercato, scontano questa debolezza strutturale con quotazioni più basse.

I disegni erano il piatto forte del Rinascimento ma, con il tempo, hanno visto ridotta la loro importanza. Sono comunque abbastanza appetibili per quei collezionisti che intendono possedere opere uniche, anche di autori rinomati, senza dover pagare cifre esose. In questo tipo di investimento, però, ci sono anche dei rischi. Innanzitutto non è facile conservarli in modo perfetto e, alla lunga, possono presentare dei difetti e delle smagliature che ne deprezzano il valore.

La grafica è una tecnica artistica che permette di riprodurre le immagini in più esemplari. Rappresenta un'alternativa alla pittura, se non altro per i prezzi contenuti che le vengono applicati. La *ratio* della grafica è stata sempre quella di rendere accessibile l'arte a un pubblico vasto, che altrimenti sarebbe stato tagliato fuori da un mercato piuttosto costoso.

Esistono varie tecniche grafiche, che possono essenzialmente essere ricondotte a queste: l'acquaforte, l'acquatinta, l'incisione a bulino, la serigrafia, la litografia, la xilografia, la puntasecca.

Tra gli artisti che vi si sono dedicati con grande trasporto ricordiamo Giorgio Morandi, Gianfranco Ferroni, Luciano Bartolini, Lino Bianchi Barriviera, Renzo Vespignani, Walter Piacesi, Federica Galli, Giuseppe Viviani, Luigi Servolini e Arnaldo Ciarrocchi.

Giorgio Morandi e Gianfranco Ferroni sono stati notoriamente dei grandi pittori che hanno saputo completarsi anche come incisori. Altri, come Federica Galli e Giuseppe Viviani, si sono votati quasi esclusivamente a questo tipo di tecnica e sono probabilmente più conosciuti in un ambiente specialistico di collezionisti.

Per un collezionista, magari alle prime armi, la grafica rappresenta quindi una via non troppo esosa di entrare in contatto con il mercato dell'arte. Gli svantaggi e i tranelli, però, sono dietro l'angolo. Innanzitutto è bene selezionare le opere grafiche giuste, che sono naturalmente quelle prodotte da artisti di pregio o specializzati in questa arte.

Si devono pertanto evitare quelle produzioni dozzinali, anche di artisti storicizzati, che somigliano molto a manifesti di scarso valore, o addirittura a poster. Varie serigrafie, prodotte negli anni '80 e '90, di artisti appartenenti per lo più al cosiddetto filone della figurazione classica, avevano questa caratteristica.

Di solito una delle maggiori controindicazioni all'acquisto di opere di grafica risiede nel fatto che essa è costituita da multipli.

Qualche collezionista, infatti, non ha mai accettato l'idea che la sua opera possa essere appannaggio anche di altre duecento persone. Molte remore dei collezionisti derivano anche dalla scarsa trasparenza che talvolta si è riscontrata nel mercato della grafica. La tiratura è stata sempre un vero e proprio punto dolente, dal momento che i numeri dichiarati erano spesso disattesi e nascosti dietro l'escamotage della "prova d'artista".

Il prezzo è sicuramente il boccone più succulento offerto dalle opere grafiche. Se per comprare un'acquaforte di Morandi si devono spendere anche 10-20 mila euro, per un'incisione di un artista storicizzato di valore medio-alto non si sborsano più di 500-1.000 euro. Con una spesa di 100-300 euro si porta a casa una xilografia in bianco e nero di Luigi Servolini, un incisore che è in più di settanta musei di tutto il mondo, compreso il British Museum, l'Ermitage e il Metropolitan, e che ha partecipato a sei Biennali di Venezia e sette Quadriennali di Roma.

Non sono sicuramente a buon mercato le opere grafiche dei grandi geni del Novecento, come per esempio Pablo Picasso, che in asta è anche arrivato a un milione di euro.

Nella scelta di un'opera di grafica bisogna fare estrema attenzione alla tiratura, che non dovrebbe essere mai superiore ai 150 esemplari. Più bassa è, maggiore è, naturalmente, il prezzo.

SEGRETO n. 2: per un collezionista che si avvicina ai disegni e alla grafica il vantaggio è, fatte le debite eccezioni, quello di poter spendere cifre non esorbitanti.

Video, installazioni e fotografia

Due prodotti esclusivi dell'arte contemporanea sono i video e le installazioni. Si tratta per lo più di mezzi espressivi consoni a un tipo di arte che fa del concettualismo la sua ragion d'essere.

I video, insieme alla fotografia, hanno conferito una veste commerciale alle molte performance eseguite dagli artisti. Di per sé le performance, ovvero quei gesti comportamentali degli artisti intenti a rappresentare qualcosa nel tempo e nello spazio, non hanno un valore finanziario ed economico. Non possono essere vendute e quindi non hanno un prezzo. Ma, se vengono riprese in un filmato, lo acquistano, almeno potenzialmente. Alcuni video, realizzati per esempio dal tedesco Beauys, hanno subito una forte mercificazione. Appartiene a questo filone commerciale anche il video *Tentativo di volo* di Gino de Dominicis.

La commercializzazione dei filmati è continuata negli anni seguenti e ha interessato anche vari artisti italiani, come Grazia Toderi. Nonostante la suggestione del mezzo, il video sembra essere appannaggio di un collezionismo di élite o avere addirittura carattere museale.

In Italia, a partire dagli anni '70 si è sviluppato anche il filone dei film artistici che hanno visto in primo piano personalità come Luca Patella, Franco Vaccari e Gianfranco Baruchello. La loro testimonianza artistica, però, è rimasta abbastanza periferica rispetto al circuito commerciale, per quanto concerne quel tipo di produzione.

Una marcata dimensione museale e da collezionismo esclusivo sembra caratterizzare anche le installazioni, ovvero quelle opere che assemblano oggetti della realtà quotidiana, siano essi residui, scarti o materiali di varia qualità. Sono produzioni che si sono diffuse a macchia d'olio a partire dagli anni '80 e seguitano ad avere una certa popolarità tra gli artisti. Le installazioni per loro natura presentano un'indubbia difficoltà di collocazione, paragonabile a quella dei quadri da 200 x 200 in su. Per acquistarle, un collezionista dovrebbe quindi possedere almeno una casa un po' spaziosa. Tutto il contrario di quanto accadrebbe se collezionasse fotografie.

La fotografia è un'arte relativamente recente che ha avuto grande fortuna soprattutto agli inizi e nella prima metà del Novecento. Quando si parla di fotografia classica, di solito si fanno i nomi di Man Ray e dell'italiana Tina Modotti. La fotografia artistica si è un po' eclissata negli anni successivi, lasciando spazio a quella legata alla cronaca e ai grandi reportage internazionali. Negli anni '60 la Land Art, una forma di arte di tipo ambientale, ha fatto ampio ricorso alla fotografia. Ad esempio l'artista modificava il corso naturale di un fiume o di un lago e poi fotografava ciò che era stato compiuto. Le foto poi venivano commercializzate.

Ciò significa che la fotografia attribuiva un valore commerciale al fatto artistico che consisteva in una sorta di evento o performance e che l'aspetto artistico non era dunque predominante.

Il revival della fotografia d'arte si ebbe alla fine degli anni '60, grazie a un nutrito gruppo di artisti americani e a un apporto non insignificante da parte degli italiani. In Italia, l'artista icona della fotografia è stata Vanessa Beecroft, famosa per i suoi ritratti di gruppi di donne rigorosamente nude. Scoperta nei primi anni '90, l'artista italiana ha poi ampliato la gamma dei suoi mezzi espressivi, sconfinando anche nella pittura. Vi sono poi i fotografi "storici" italiani come Franco Fontana, Maurizio Galimberti, Mario Giacomelli, Mimmo Jodice, Gabriele Basilico.

La fotografia, dopo un inizio in punta di piedi, si è saputa ritagliare uno spazio crescente nel mercato dell'arte, ma presenta delle costanti insidie per i collezionisti. Innanzitutto si dovrebbe avere la capacità e l'avvedutezza di capire se davanti a noi abbiamo un fotografo di mestiere oppure uno che fa arte. Sembra una cosa semplice ma, in realtà, la differenza è spesso labile o sfumata e vi sono tanti fotografi dilettanti che si improvvisano artisti. Lo stesso mercato dell'arte sconta con abbattimenti di quotazioni e ribassi le eventuali incertezze sulla reale natura dei fotografi che deve valutare.

Le regole di un investimento in fotografia sono sostanzialmente, seppure con qualche distinguo, quelle stesse che si devono seguire investendo in grafica. Il fotografo, infatti, trae dal “negativo” più di una fotografia. Se il pezzo che viene venduto è tirato in più di 15 esemplari, subisce necessariamente una svalutazione. Quindi la prima cosa che bisogna fare è accertarsi che il cibachrome (la classica tecnica fotografica) sia tirato in un numero non troppo elevato di esemplari (meglio se in numero di 3-6). In caso contrario è bene astenersi dallo sborsare cifre importanti.

Per il resto è il solito criterio della piacevolezza del tema e dell’importanza dell’artista a dover orientare le nostre scelte.

SEGRETO n. 3: il collezionismo moderno e più sofisticato si orienta su mezzi artistici come video, installazioni e fotografia, che sono delle valide alternative a forme d’arte più popolari come la pittura e la scultura.

Collezionare manifesti e oggetti di design

Dalla fine dell’Ottocento, in Europa si sono imposti i manifesti pubblicitari, detti *affiche* in Francia e conosciuti anche come cartelloni pubblicitari. Uno dei maggiori maestri a livello mondiale di questa arte è stato l'italiano Leonetto Cappiello, autore di lavori che hanno illustrato con sapienza il clima della Belle Èpoque in Europa. Nella prima metà del Novecento sono stati più di uno i rappresentanti del manifesto pubblicitario a mettersi in luce. Oltre al già menzionato Cappiello, si ricordano per esempio Marcello Dudovich, Leopoldo Metlicovitz, Adolf Hohenstein e Giovanni Maria Mataloni.

È su questi nomi storici della cartellonistica che ci si deve orientare se si vuole iniziare una collezione che aspiri ad avere successo. In particolare sono Leonetto Cappiello, autore tra l'altro dei manifesti del vermut Cinzano e del Fernet Branca, e Marcello Dudovich (vermut Martini, Liquore Strega, Bitter Campari, amaro Montenegro, la Balilla) gli artisti su cui puntare. I prezzi variano da un minimo di 500 euro a valori di 5-10 mila euro.

Non sono pochi poi i manifesti realizzati da autori minori, o addirittura anonimi, che spuntano buoni prezzi, anche perché il valore dell'opera non dipende esclusivamente dalla firma prestigiosa.

Per un riscontro puntuale sui prezzi si consiglia di far riferimento alle aggiudicazioni delle aste dei manifesti organizzate da Bolaffi ambassador (www.bolaffi.it).

Si può dire così che il prezzo di un manifesto è determinato da:

- rarità;
- firma prestigiosa;
- bellezza estetica;
- tema riprodotto;
- stato di conservazione.

Il tema di un manifesto ha la sua importanza perché, se apprezzato e ricercato, incide parecchio nella determinazione del prezzo finale. I manifesti che hanno come tema il cinema o l'automobile vengono incontro al gusto di un pubblico abbastanza vasto di collezionisti. Per questo sono molto ricercati.

Sebbene i possano raggiungere prezzi piuttosto elevati – come nel caso di *Fiat in pista* realizzato da Plinio Codognato, che nel 1999 ha raggiunto una quotazione ben superiore ai 200 milioni di lire – la media di queste opere è ancora a buon mercato e suscettibile di alimentare un collezionismo sostenuto anche in futuro. Il collezionismo dei poster, insomma, ha ancora molti margini di manovra in un mercato che è tutt'altro che stanco o saturo.

Il design industriale è invece una disciplina relativamente nuova, oggetto, in questi ultimi anni, di un crescente collezionismo, dovuto, anche se non soprattutto, ai moduli di arredo utilizzati nelle case. Se fino a trent'anni fa l'antiquariato dettava legge, con forme decorative che prediligevano tappeti e mobili d'epoca, adesso la filosofia moderna di arredamento fa perno sul modernariato, cui il design appartiene di diritto.

Il collezionismo si orienta su oggetti come lampade, vasi, tavoli, poltrone ecc. prodotti in un lasso di tempo che va dagli anni '30 ai nostri tempi. Il design ha avuto grande sviluppo nel periodo del miracolo economico (1958-63) e si è saldato per lungo tempo con un'espressione artistica come del movimento "Arte Programmata". Tra i maggiori designer ricordiamo Bruno Munari, creatore tra le altre cose della lampada *Dattilo* e del posacenere *Cubo*, nonché Enzo Mari, Joe Colombo e Gaetano Pesce, che fecero tutti parte di quel movimento.

Sono questi i nomi da appuntare in un ipotetico taccuino del collezionista di design. Accanto a loro stanno sicuramente altre figure storiche come Giò Ponti, autore tra l'altro del "Pirellone", Ettore Sotsass, disegnatore dei modelli mitici delle calcolatrici Olivetti, Ico Parisi e Franco Albini.

Non è necessario spendere ingenti capitali per assicurarsi oggetti a firma di queste artisti storici del design. Anche con 1.000 o 2.000 euro si possono acquistare dei pezzi di qualità, che non raramente passano in asta. Per chi si avvicina a questo settore è consigliabile acquisire anche delle competenze tecniche e conoscitive, che si ottengono dalla lettura di volumi specialistici. Può essere interessante consultare anche la rivista Domus, in formato on line (www.domus.it).

SEGRETO n. 4: l'investimento in manifesti e oggetti di design è consigliabile soprattutto a chi si avvicina all'arte per la prima volta".

Come conservare le opere

Uno dei maggiori investimenti in arte lo si fa conservando bene le opere di cui si è in possesso. Può sembrare paradossale, ma se si acquista il lavoro di un artista e ci si disinteressa poi della sua giusta collocazione logistica, si rischia di buttar via parte del nostro denaro speso.

Un dipinto, per esempio, va sì collocato su una parete di casa, ma lontano da fonti di calore e umidità. Non si deve mettere vicino a un termosifone, a una stufa o a uno scaldabagno. La stanza scelta dovrà avere una temperatura ambiente piuttosto costante, senza troppe finestre che vengono aperte di frequente.

Per quanto riguarda la pulitura delle tele, è bene passarci sopra periodicamente uno straccio non imbevuto d'acqua. La polvere è infatti un fattore che incide negativamente nella conservazione dei quadri, così come il fumo di sigaretta.

L'applicazione di un vetro di protezione è una cautela importante, anche se può risultare letale se il quadro dovesse staccarsi dal supporto e cadere a terra. Nel caso che si posseggano opere su tavola si dovrà verificare periodicamente la presenza di tarli ed evitare un'invasione che potrebbe compromettere il quadro stesso.

Se si posseggono delle “carte”, le cautele da adottare nella conservazione aumentano esponenzialmente. Queste opere sono piuttosto delicate e vanno tenute lontane dai raggi del sole, che le potrebbero rovinare irreversibilmente.

Per certe opere, come per esempio quelle dell’arte povera, le cautele da usare non sono mai abbastanza. Gli artisti che le realizzavano non si ponevano certo il problema di farle durare nel tempo, anzi era loro intenzione sottolineare la deperibilità del lavoro che avevano prodotto. Non è raro quindi imbattersi in opere devastate dall’usura del tempo, con un’inevitabile svalutazione del loro valore di mercato. Certe volte neanche i più abili restauratori, cui è bene rivolgersi in questi casi, riescono a salvarle.

In linea di massima si dovrà fare maggiore attenzione alla conservazione delle opere o dei lavori che hanno i prezzi più elevati. In ogni caso, la presenza di tagli e abrasioni deve spingere il collezionista a chiedere aiuto a un restauratore, ed è assolutamente necessario trovarne uno di notoria abilità e competenza.

Ogni restauro svaluta inevitabilmente il quadro, secondo una percentuale da determinare in rapporto alla zona compromessa. Se il taglio – o la lacerazione – è avvenuto in una parte di intensa pittura e raffigurazione di persone, il danno sarà più grande che se si fosse verificato in aree più libere (ad esempio un cielo).

Per ciò che riguarda le sculture, le cautele da utilizzare sono minori. È comunque consigliabile pulirle periodicamente, usando il solito straccio non umido. È poi buona norma collocarle su supporti ben stabili in modo che non oscillino o addirittura cadano. Pur non essendo fragili come le porcellane, le sculture sono creazioni piuttosto delicate e richiedono molta attenzione.

Per finire, le fotografie. Se sono di modeste dimensioni il modo migliore per conservarle intonse è quello di inserirle in appositi fascicoli. Se sono medio-grandi, dovranno essere appese alle pareti e trattate come se fossero normali quadri. Con il tempo potrebbero sciuparsi e diventare opache. In questo caso si potrebbe chiedere all'artista che le ha scattate di ristamparle di nuovo dai negativi. Ma se l'artista, nel frattempo è morto?

SEGRETO n. 5: una buona conservazione e manutenzione delle proprie opere artistiche impedisce che si svalutino.

RIEPILOGO DEL CAPITOLO 1:

- SEGRETO n. 1: la pittura e la scultura sono le due forme d'arte che, per tradizione e facilità di lettura, hanno il maggior numero di collezionisti.
- SEGRETO n. 2: per un collezionista che si avvicina ai disegni e alla grafica il vantaggio è, fatte le debite eccezioni, quello di poter spendere cifre non esorbitanti.
- SEGRETO n. 3: il collezionismo moderno e più sofisticato si orienta su mezzi artistici come video, installazioni e fotografia, che sono delle valide alternative a forme d'arte più popolari come la pittura e la scultura.
- SEGRETO n. 4: l'investimento in manifesti e oggetti di design è consigliabile soprattutto a chi si avvicina all'arte per la prima volta.
- SEGRETO n. 5: una buona conservazione e manutenzione delle proprie opere artistiche impedisce che si svalutino.

CAPITOLO 2:
Come guadagnare con l'antiquariato

Collezionare tappeti

I tappeti non sono soltanto un ottimo accessorio per arredare la casa, ma anche classici *beni rifugio* che nel tempo possono rivelarsi delle interessanti fonti di investimento.

Sono più sensibili alla rivalutazione economica i tappeti antichi, ovvero quelli realizzati fino a tutto il XIX secolo e talvolta anche all'inizio del XX secolo. Si tratta soprattutto di manufatti di pregio, difficilmente reperibili sul mercato, il cui valore commerciale è determinato anche dalla qualità e dallo stato di conservazione, oltre che dalla legge della domanda e dell'offerta. I tappeti antichi spuntano chiaramente i prezzi più alti in assoluto, basti pensare che tra i *record price* registrati nelle aste vi sono vari *Savonnerie* francesi del XVIII secolo a più di un milione di vecchie lire, e alcuni *Moghul* indiani a cifre equivalenti.

I tappeti realizzati negli anni successivi non sono paragonabili a questi, anche se ne possiamo trovare molti di qualità. Mediamente, però, i prezzi scontano una notevole diminuzione, che diviene netta per i cosiddetti "tappeti moderni" realizzati dagli anni '60 a oggi.

La tendenza tipica dei nostri tempi è quella di realizzare tappeti non più attraverso una lavorazione artistica e artigianale, ma industriale, con inevitabile perdita di quella cura e raffinatezza che esisteva in passato.

I tappeti orientali più famosi e rinomati sono quelli costruiti in Persia, in Caucaso, in Cina, in Anatolia e in India. Con l'avvento dei tappeti moderni, però, altre nazioni si sono affacciate alla ribalta (per esempio il Pakistan), a scapito naturalmente della qualità del prodotto e del prezzo finale.

Il prezzo di un tappeto è generalmente determinato da questi fattori:

- rarità;
- legge della domanda e dell'offerta;

- dimensioni;
- numero dei nodi e superficie lavorata;
- tecniche artistiche utilizzate;
- materiali usati;
- stato di conservazione.

Nell'acquistare un tappeto si deve fare molta attenzione allo stato di conservazione, senza fasciarsi la testa se vi si trovano dei restauri. Anzi, se un tappeto mostra delle usure è necessario rivolgersi obbligatoriamente a un restauratore specializzato, l'unico che può provvedere a un suo efficace recupero. Ricordiamo anche che un restauro nell'ordine del 5-10% della superficie totale non incide sul prezzo finale.

I canali di vendita e di acquisto di un tappeto sono essenzialmente quelli rappresentati dai mercanti e dalle aste. Esistono anche le transazioni fra singoli collezionisti, in cui l'elemento riservatezza assume un ruolo importante.

Quando si acquista un tappeto è buona norma esigere dal venditore un certificato di autenticità e di garanzia, con l'indicazione del prezzo, dell'anno di esecuzione, della manifattura e, possibilmente, del suo autore. In mancanza di questo, un tappeto risulta di più difficile commerciabilità o si esporrà fatalmente alle obiezioni di un compratore scafato e talvolta disonesto.

Pensare di acquistare un tappeto, specialmente se moderno o non troppo antico, e di poterci guadagnare nel breve periodo è assurdo e illusorio. L'investimento, infatti, deve essere valutato nel medio-lungo periodo, ovvero in un lasso di tempo di 5-10 anni.

Negli ultimi tre anni, il mercato dei tappeti ha registrato una consistente flessione di cui ancora oggi non si vede un'inversione di rotta. I negozi hanno cominciato ad applicare sconti roboanti, in cui è la qualità a essere sacrificata. Il più delle volte, il compratore si mette in casa un manufatto che poi ha scarse possibilità di rivalutarsi.

Per scegliere bisogna possedere delle conoscenze, e collezionista che si rispetti deve avere delle competenze specifiche in materia, ottenute con esperienze sul campo o attraverso la lettura di libri specialistici. Sul web si possono cercare informazioni e condividerle con altri appassionati in forum come www.infotappeti.net.

SEGRETO n. 6: quando si acquista un tappeto è bene scegliersi un venditore di fiducia; per evitare brutte sorprese, però, è ancora meglio avere un'infarinatura generale sul mercato di questi manufatti.

Collezionare mobili

Un settore del collezionismo antiquario che ha suscitato sempre grande interesse è quello dei mobili. Negli anni '70 e primi anni '80, in forza di un'inflazione alta, la domanda di questi oggetti è stata piuttosto sostenuta, per poi affievolirsi nel corso del tempo. Del resto, i gusti delle persone e le nuove strategie di arredo sono cambiate, ripiegando verso mobili decisamente a buon mercato. Ultimamente non si fa fatica a trovare mobili che si possono montare a pezzi e il cui costo è basso.

L'avvento del design e di una nuova concezione dell'arredamento degli appartamenti ha di fatto reso meno appetibile l'investimento in mobili antichi o d'epoca, tanto che oggi nelle aste non è facile vederli aggiudicati a prezzi superiori ai 20 mila euro.

Il prezzo dei mobili antichi e d'epoca è dato da questi fattori:

- rarità;
- materiale usato;
- epoca di realizzazione;
- stile rinomato;
- stato di conservazione.

È ovvio che i mobili antichi costino in media più di quelli moderni. Il problema è che, al di là delle aste che si occupano di questo settore, non si ha un vero e proprio listino ufficiale dei prezzi che si troverebbero nei libri e nei cataloghi d'arte, come succede per esempio per la pittura. Per questo motivo, una conoscenza approfondita del mobile antico, degli stili più importanti collegati anche ai prezzi praticati, è assolutamente necessaria per un collezionista che si rispetti. Altrimenti il rischio è quello di mettersi nelle mani di antiquari che non sempre sono trasparenti e che possono spacciare un oggetto per un altro. Non è infrequente, infatti, il caso di mobili moderni costruiti secondo lo stile Impero e affini, usando la tecnica della stagionatura del legno e fatti passare per opere d'arte antica.

È per questo che un collezionista deve sempre chiedere il certificato di autenticità, con l'indicazione dell'epoca di realizzazione e dello stile. Lo ripetiamo però: nel settore dei mobili la conoscenza sul campo è fondamentale. Se non la si può ottenere è bene allora documentarsi leggendo libri e riviste di settore, seguendo anche le non poche aste che vengono periodicamente bandite da case come Meeting Art (www.meetingart.it), o Cambi (www.cambiaste.com), tanto per fare due nomi.

Un'ultima avvertenza, seppur fondamentale: il mobile che si acquista deve essere almeno in buono stato di conservazione, anche perché spesso un restauro costa parecchi soldi.

SEGRETO n. 7: acquistare mobili nei mercatini dell'usato e in conto vendita è spesso un modo di risparmiare sul prezzo, a scapito talvolta della qualità.

Collezionare argenti

Uno dei piatti forti del settore dell'antiquariato, è rappresentato dall'argenteria. Si tratta essenzialmente di pezzi di pregio realizzati nel corso dei secoli da maestri artigiani di varie nazioni europee, tra cui spicca la Gran Bretagna. Gli oggetti realizzati vanno dai comuni utensili da cucina, come le posate e i vassoi, fino ad arrivare ai più sofisticati candelieri.

Prima di acquistare dei pezzi di argenteria bisogna rendersi conto della quantità di argento che li compone. L'argento lavorato non contiene mai argento al 100%, ma sostanzialmente in proporzione di 925/100 o di 800/100.

Il prezzo dell'argento lavorato, oltre che dalla percentuale di metallo contenuto, dipende fondamentalmente da questi fattori:

- antichità;
- rarità;
- eccellenza della lavorazione artistica;
- stato di conservazione.

È ovvio, infatti, che un argento antico del 1700, valga di regola più di un argento moderno realizzato nella seconda metà del '900, specialmente se proveniente da una manifattura prestigiosa o da un maestro artigiano rinomato in vena di rifiniture elaborate. Anche la rarità, però, ha il suo peso, dal momento che un oggetto poco reperibile sul mercato ha di norma quotazioni più alte di uno inflazionato.

Non bisogna però sottovalutare un altro punto, ovvero lo stato di conservazione. Se l'argento è danneggiato o con lo smalto consumato, ha un valore commerciale sensibilmente inferiore rispetto a un pezzo immacolato.

Il mercato degli argenti non è molto facile, nel senso che si incontrano con una certa frequenza oggetti falsi o con caratteristiche diverse da quelle dichiarate. Quando si acquista qualcosa, quindi, è bene munirsi di un certificato di autenticità rilasciato dal venditore che deve dichiarare anche il periodo storico di realizzazione, lo stile e, possibilmente, anche la fonte più o meno bibliografica di riferimento.

Il rischio più grande è quello di acquistare oggetti spacciati come argenti, che in realtà non lo sono. Ma come si fa a capirlo al di là delle conoscenze specialistiche che i più non possiedono? Innanzitutto è bene sapere che, per parlare di argento nel vero senso della parola, ci si deve trovare davanti a un oggetto composto di questo materiale per almeno 835/1000esimi o, al massimo, 800/1000esimi.

Quantità inferiori impediscono all'oggetto in questione di poter essere definito argento. Talvolta si presenta come argento ciò che è una lega di vari materiali in cui quel metallo prezioso non supera il 30-40%.

Dall'argento vero e proprio si deve tenere distinto il cosiddetto silver plated, altrimenti detto "Sheffield". Si tratta di fatto di una lega di nickel e argento, caratterizzata da una prestigiosa e raffinata lavorazione che nel tempo ha affascinato tanti collezionisti. A livello commerciale la quantità modesta di argento incide sul prezzo finale, che è inferiore a quello normalmente praticato nei confronti dell'argento /800.

Nei momenti di crisi economica non è agevole mettere sul

mercato l'argenteria e pensare di spuntare valori di listino più elevati del prezzo dell'argento grezzo in essa contenuto. Potrebbe infatti accadere che il commerciante che vi acquista un oggetto di argenteria sia disposto soltanto a pagarvi il valore dell'argento grezzo. Se pensate quindi di speculare sul prezzo dell'argento, piuttosto che comprare argenteria sarebbe meglio se vi orientaste sui lingotti, che contengono quel metallo in proporzione di 999/1000esimi.

SEGRETO n. 8: il prezzo dell'argento lavorato non può mai essere inferiore al valore di mercato dell'argento grezzo, anche se poi riuscire a venderlo a prezzi superiori non è mai facile.

Collezionare orologi

Gli orologi si possono sicuramente far rientrare nel settore del collezionismo di pregio. I prezzi cambiano a seconda di vari fattori in gioco, che possiamo riassumere in:

- nome e rinomanza della casa produttrice;
- materiale di fabbricazione della cassa, del quadrante e del cinturino;

- meccanismo dell'orologio;
- eventuali complicazioni (funzioni).

Tra le case produttrici, un posto di primo piano lo occupano Patek Philippe e Constantin Vacheron, che sono riusciti a piazzare alcuni loro capolavori a prezzi superiori al milione di dollari.

È anche chiaro che sul prezzo finale incide moltissimo il materiale usato. Se infatti l'orologio è tempestato di diamanti, le quotazioni si impenna notevolmente, come è successo per il Chopard 201 carati, che è stato venduto per 25 milioni di dollari.

Se il materiale prezioso è al massimo l'oro e se la casa produttrice è prestigiosa, un fattore che ha molta importanza nella determinazione del prezzo finale è il meccanismo inserito nell'orologio e, soprattutto, le cosiddette complicazioni, ovvero le funzioni accessorie.

Di queste complicazioni gli orologi normali e abbordabili ne hanno veramente poche. Ma se si iniziano a inserire i calendari, le fasi lunari o complicazioni più sofisticate, i prezzi volano.

Quando si acquista un orologio di valore è importante affidarsi a professionisti specializzati su cui si ripone anche una discreta fiducia. Acquistare su Internet, per esempio su Ebay, non è consigliabile, a meno che non si trovi un venditore dal curriculum immacolato. In ogni caso, bisogna farsi rilasciare un certificato di garanzia e di autenticità dell'orologio in questione. È poi bene non dimenticare che ogni orologio che si rispetti deve presentare una punzonatura che evidenzia la marca della casa produttrice.

Se si vuole vendere un orologio di marca, bisogna stare attenti a usare il canale giusto. Si raccomanda di orientarsi sulle varie aste del settore che vengono bandite periodicamente in Italia e in Europa, sul proprio orologiaio di fiducia e, ancora meglio, su collezionisti privati. Recarsi dai compra-vendi oro, qualora si abbia un orologio composto da questo materiale, non è quasi mai conveniente. La quantità d'oro contenuta negli orologi non è mai elevata, cosicché si finisce per privarsi di un prodotto di eccellente qualità per pochi euro.

È però vero che la liquidabilità degli orologi non è elevatissima, per cui se si ha bisogno velocemente di contante si rischia di rimanere a bocca asciutta. Chi in questi anni ha investito in Rolex d'oro, tuttavia, non è mai rimasto deluso, anche nell'ipotesi di vendita nei negozi specializzati nell'acquisto di questo metallo prezioso. Gli amanti di questo tipo di collezionismo possono trovare spunti utili anche sul web, per esempio sul forum www.orologiando.org.

SEGRETO n. 9: vendere un orologio prestigioso per lucrare sulla quantità di oro che contiene è il percorso più breve per svenderlo.

Collezionare porcellane

In una casa patrizia non possono mai mancare soprammobili come le porcellane, che godono di un fascino inenarrabile, di un'eleganza sopraffina, ma soprattutto di estrema piacevolezza. Queste sfumature positive collocano in secondo piano il rischio più grande che si corre quando si decide di investire in porcellane.

Lo svantaggio è, naturalmente, quello di mettersi in casa degli oggetti fragili, la cui conservazione è costantemente minacciata. I gesti inconsulti di un bambino, un terremoto, movimenti maldestri di chicchessia possono mandare in frantumi un bellissimo manufatto che, in certi casi, ha anche raggiunto dei discreti livelli di prezzo.

Quando si verifica un evento così increscioso, il più delle volte il restauro è inutile. La porcellana cessa di esistere e, con essa, anche un importante investimento a livello collezionistico. Tenerla pulita, invece, è piuttosto semplice. Basta passarvi un panno e levare la polvere. Non c'è nessun problema di tarli come nel caso dei dipinti.

Ma le porcellane sono un investimento o una forma particolarmente raffinata di abbellire le proprie case? Possono naturalmente essere entrambe le cose, anche se negli ultimi tempi sia l'uno che l'altro aspetto sono stati sacrificati alla luce della sempre più stringente crisi economica planetaria. Bisogna innanzitutto sottolineare che il prezzo di un manufatto di porcellana dipende essenzialmente da:

- qualità;
- rarità;
- marchio famoso;

- soggetto ricercato.

L'elemento moda è sicuramente molto importante e, se negli anni '70-'80 non era raro scorgere nelle case degli italiani, accanto alle classiche porcellane Ginori e Capodimonte, quelle danesi della Royal Copenaghen e quelle inglesi della Royal Doulton, negli anni '80-'90 sono andate per la maggiore quelle spagnole di Lladrò.

Anche in questo settore esistono i falsi e pertanto nell'acquisto ci si deve affidare a professionisti ed esercizi commerciali affidabili. Controllare sempre che il marchio apposto sul manufatto sia quello della casa produttrice, aiutandosi anche con appositi libri di approfondimento sulla materia.

SEGRETO n. 10: chi si avvicina al collezionismo delle porcellane deve essere consapevole del fatto che si tratta di un investimento difficilmente monetizzabile e liquidabile, almeno nel breve periodo.

Collezionare libri e stampe antiche

Non sono poche le famiglie italiane che custodiscono nelle proprie biblioteche dei libri antichi. Di solito però non se ne conosce il valore, anche perché è difficile avere dei punti di riferimento ben precisi. Vi sono varie città d'Italia, infatti, dove non esistono librerie antiquarie.

Con l'avvento di Internet anche l'ostacolo della poca trasparenza sembra essere venuto meno. Basta scorrere una qualunque delle aste organizzata da Sotheby's o Christie's per rendersi conto delle quotazioni dei libri antichi. Questo ragionamento è estensibile anche alle stampe antiche, che talvolta erano incorporate proprio nei libri, rappresentandone di fatto l'elemento illustrativo.

I libri antichi hanno un range di prezzi che varia notevolmente in rapporto a:

- rarità;
- pregio ed eleganza del volume;
- importanza dell'autore e della materia trattata;
- antichità della pubblicazione;
- edizione.

Partendo da questo ultimo elemento, notiamo come la prima edizione di un libro di valore ha un prezzo superiore alle successive edizioni. Il divario è spesso molto consistente. Per la cronaca, i libri più costosi in assoluto sono la prima edizione della *Bibbia* stampata da Gutenberg nel 1456, di cui non esistono più di venti esemplari dell'opera completa. Il prezzo si aggira intorno ai 25-27 milioni di dollari. Vi è poi il *Codice Leicester*, con scritti e disegni di Leonardo da Vinci, acquistato da Bill Gates nel 1994 per 30 milioni di dollari. Anche il cosiddetto "First Folio" di Shakespeare, che raccoglie le sue opere teatrali, è stimato tra i 15 e i 20 milioni.

Risultati così eclatanti si contano però sulle punta delle dita. Non è vero che per acquistare un libro antico si debbano spendere tanti soldi. Anzi, se ne possono acquisire anche a qualche decina di euro. In un mercato in cui i gusti e le tendenze cambiano con frequenza, è praticamente impossibile capire quale possa essere il tipo di libro che possa avere le maggiori fortune collezionistiche. In passato hanno avuto ottimi incrementi i libri scritti a firma degli esponenti del Futurismo. Più recentemente sono stati quelli sulla massoneria a suscitare grandi attenzioni.

In ogni caso, il collezionista deve essere libero di decidere anche secondo i propri gusti. Non è quindi sbagliata l'idea di mettere da parte un'intera collezione di tipo monotematico, dedicata a una sola disciplina, come potrebbe essere per esempio la medicina. Per puntuali riferimenti sui prezzi si possono consultare siti web come www.maremagnum.com, e www.abebooks.it. Le stampe antiche sono uno dei cavalli di battaglia di un antiquario che si rispetti. Tanti artisti famosi vi si sono cimentati, come per esempio Rembrandt nel XVII secolo.

Ci sono poi rinomati incisori che hanno vissuto praticamente di questo nella loro vita. Nella Germania del XVI secolo ha spopolato Albrecht Dürer, nella Francia del XVII secolo Callot, in Italia Della Bella e poi Piranesi. Chi vuole sviluppare una buona collezione di stampe d'epoca non può assolutamente prescindere da questi nomi e da altri egualmente significativi. Se si esclude Dürer, che ha prezzi piuttosto alti, gli altri non sono poi così inaccessibili e si possono acquistare anche a prezzi inferiori ai 1.000 euro.

Sono ricercate anche le stampe che non hanno alle spalle degli autori famosissimi, ma che, per ragioni storiche e culturali, hanno un loro valore intrinseco, come per esempio quelle sulle campagne e le guerre napoleoniche. L'investimento in stampe antiche presenta sostanzialmente questi vantaggi:

- permette di acquistare nomi importanti del settore a prezzi non esosi;
- permette di arredare efficacemente appartamenti di pregio e "patrizi";
- stimola l'attitudine culturale e la curiosità del collezionista.

Non è facile però immergersi in questo mondo, anche perché lo scambio di informazioni è piuttosto limitato. Le aste che vengono bandite hanno poca risonanza, mentre le insidie per il collezionista sono sempre in agguato. Non sempre è agevole determinare l'autenticità delle opere, la loro reale provenienza e l'anno preciso di datazione. È però vero che, visto il loro prezzo non elevatissimo, incappare in un falso non è poi la fine del mondo, come invece accadrebbe se si acquistasse un dipinto di valore medio-alto.

Negli ultimi dieci anni il sistema e la concezione di arredare le proprie case sono cambiati. Si punta più sul design e meno sui dettagli di tipo storico. In questa ottica e in prospettiva futura, il ruolo delle stampe antiche si è sicuramente ridimensionato. Gli amanti della storia e della cultura continuano a prediligere questa forma d'arte che però, in media, non si mostra suscettibile di consistenti rivalutazioni economiche nel prossimo futuro.

SEGRETO n. 11: una terza via tra il collezionismo di libri antichi e quello di libri nuovi è rappresentata da quello di libri usati, che in questi ultimi dieci anni ha trovato dei buoni riscontri anche a livello di prezzo.

Collezionare icone

In Italia il collezionismo di icone ha un profilo di nicchia. Nella cerchia degli appassionati di questo genere d'arte, il mercato registra comunque dei buoni scambi. In questo caso esiste una galleria (la Orler) in grado di sostenere un buon livello di offerta, sia qualitativa sia quantitativa. In teoria, quindi, la domanda di icone è in grado di essere assorbita, se non totalmente, almeno in buona parte.

Sulla carta il mercato delle icone valorizzerebbe di più quei pezzi realizzati in Oriente nel periodo bizantino. Si sa però che le distruzioni apportate dagli iconoclasti nell'VIII secolo hanno praticamente azzerato buona parte di quel patrimonio. Le opere sopravvissute, di valore inestimabile, sono state collocate nei musei o si trovano negli antichi monasteri ortodossi.

Delle opere disponibili in discreta quantità, il mercato si orienta su quelle russe del XVII e XVIII secolo, che sono considerate di maggior pregio e che spuntano quindi i prezzi più alti. Quelle degli anni successivi, invece, sono meno ricercate. Nel caso delle icone il criterio dell'antichità è molto importante, e talvolta discriminante, dal momento che spesso la loro realizzazione era affidata a monaci di cui non si conosce l'identità. Il valore della "firma" è dunque piuttosto relativo, a meno che non ci si imbatta nei capolavori di maestri come Rublev, e allora i prezzi schizzano molto in alto.

A partire dal XVIII secolo e negli anni seguenti, si è sviluppata anche la consuetudine di associare all'elemento pittorico dell'icona anche un rivestimento di metallo prezioso (oro, argento ecc.) o semplice. Nel prezzo complessivo dell'icona, quindi, si deve tenere conto anche della cosiddetta riza, o copertura, che però non arriva mai a eclissare la figura dipinta. Molto spesso i grandi maestri orafi hanno applicato questi rivestimenti a opere iconiche realizzate decenni o anche secoli prima.

Il valore commerciale di un'icona dipende naturalmente dalle sue dimensioni, come nel caso dei quadri. I prezzi variano da alcune centinaia di euro fino ad arrivare, per oggetti di qualità elevata, a qualche centinaia di migliaia di euro.

SEGRETO n. 12: collezionare icone è un buon modo per diversificare, a prezzi ragionevoli, i propri acquisti nel campo delle arti figurative, prediligendo la passione nei confronti dell'arte sacra che, sui mercati tradizionali della pittura, è piuttosto sacrificata.

RIEPILOGO DEL CAPITOLO 2:

- SEGRETO n. 6: quando si acquista un tappeto è bene scegliersi un venditore di fiducia; per evitare brutte sorprese, però, è ancora meglio avere un'infarinatura generale sul mercato di questi manufatti.
- SEGRETO n. 7: acquistare mobili nei mercatini dell'usato e in conto vendita è spesso un modo di risparmiare sul prezzo, a scapito talvolta della qualità.
- SEGRETO n. 8: il prezzo dell'argento lavorato non può mai essere inferiore al valore di mercato dell'argento grezzo, anche se poi riuscire a venderlo a prezzi superiori non è mai facile.
- SEGRETO n. 9: vendere un orologio per lucrare sulla quantità di oro in esso contenuto è il percorso più breve per svenderlo.
- SEGRETO n. 10: chi si avvicina al collezionismo delle porcellane deve essere consapevole del fatto che si tratta di un investimento difficilmente monetizzabile e liquidabile, almeno nel breve periodo
- SEGRETO n. 11: una terza via tra il collezionismo di libri antichi e quello di libri nuovi è rappresentata da quello di libri usati, che in questi ultimi dieci anni ha trovato dei buoni riscontri anche a livello di prezzo.

- SEGRETO n. 12: collezionare icone è un buon modo per diversificare, a prezzi ragionevoli, i propri acquisti nel campo delle arti figurative, prediligendo la passione nei confronti dell'arte sacra che, sui mercati tradizionali della pittura, è piuttosto sacrificata.

CAPITOLO 3:

Come creare una collezione a buon mercato

Collezionare francobolli

Il collezionismo filatelico è tra i più popolari in Italia e nel mondo. La maggioranza delle persone, però, lo intende più come un piacere che come un investimento. Nonostante ciò, si possono fare buoni affari con i francobolli che, a dispetto della loro misura microscopica, possono raggiungere prezzi anche eccezionali.

Il *3 skilling* svedese è stato più volte messo all'asta e aggiudicato a prezzi superiori ai due milioni di dollari. Il *1 cent* magenta della Guayana britannica (1856) è stato venduto per quasi 1 milione di dollari. Me se venisse messo all'incanto oggi, spunterebbe sicuramente un prezzo maggiore.

Il segreto di questi francobolli? L'eccezionale rarità: sono stati emessi in un solo esemplare. Pochissimi francobolli al mondo hanno questa tiratura o altre molto modeste, come capita per il *one cent dollar* raffigurante Benjamin Franklin, altresì detto “Z grill”, emesso in due esemplari e con una quotazione attuale di qualche milione di dollari.

Volendo generalizzare di può dire che il prezzo di un francobollo è dato da:

- rarità;
- bellezza estetica;
- stato di conservazione;
- legge della domanda e dell’offerta.

La rarità di un francobollo si lega spesso al concetto di collezionismo di élite. È chiaro, tanto per fare un esempio, che un francobollo collezionato da tante persone vale meno di uno che è posseduto da pochi. Se diamo un’occhiata al valore dei francobolli italiani anteguerra, ci rendiamo conto che, in media, è superiore a quello dei francobolli del dopoguerra, quando il collezionismo è diventato un fenomeno di massa.

Se non paiono esserci dubbi sulla preferenza di un collezionista nei confronti di un francobollo bello, piuttosto che di uno brutto, dobbiamo avvertire che, in questo campo, lo stato di conservazione gioca un ruolo fondamentale. La filatelia è forse la branca del collezionismo in cui questo aspetto è maggiormente decisivo, e il pur minimo difetto viene penalizzato con un forte deprezzamento.

Lo stato di conservazione si giudica in rapporto a questi fattori:

- la dentellatura deve essere immacolata, ovvero nessuno dei tasselli che la compongono deve mancare;
- la centratura deve essere perfetta e avere carattere simmetrico;
- la gomma, che costituisce il retro del francobollo deve essere intatta, senza linguelle, almeno per ciò che riguarda i cosiddetti francobolli “nuovi”;
- la carta non deve essere piegata;
- il colore non deve essere sbiadito;
- l’annullo non deve essere invasivo o antiestetico.

Per ciò che riguarda i francobolli “usati” bisogna fare attenzione all’annullo (postale) che non deve essere invasivo, e cioè non deve rovinare la bellezza estetica dell’immagine stampata. La tipica domanda che ci si pone quando si collezionano francobolli è la seguente: meglio nuovi o usati? Mediamente i nuovi valgono più di quelli usati, ma non è una regola assoluta. Per alcune emissioni, anche italiane, succede l'opposto.

A proposito del mercato italiano dei francobolli, sottolineiamo come i francobolli emessi dagli anni '50 in poi, fatte le dovute eccezioni, a causa del collezionismo di massa non costano molto. Tra le eccezioni si deve menzionare il noto *Gronchi rosa*, divenuto famoso e costoso per un errore nella definizione dei confini del Perù. Oggi il suo prezzo di mercato è intorno ai 900-1.000 euro, anche se un decennio fa costava notevolmente di più.

Ma naturalmente il *Gronchi rosa* non è il francobollo italiano più quotato. Per trovarlo bisogna risalire al tempo dell'Italia preunitaria e, in particolare, all'*80 centesimi* ocra del governo provvisorio del Ducato di Parma, emesso nel 1859 e con un valore di mercato ben superiore ai 200 mila euro.

L'alto prezzo dei francobolli emessi dagli Stati italiani preunitari non gioca però in favore del sostegno delle loro quotazioni. I collezionisti, specialmente in questi tempi di crisi, mirano a trovare filoni inesplorati a prezzi modici, individuandoli in francobolli cinesi, indiani, venezuelani ecc.

Se lo si guarda a livello di investimento, il collezionismo dei francobolli è anche un po' spietato. Si possono possedere, infatti, migliaia o milioni di francobolli che in complesso hanno un valore commerciale inferiore a un singolo e pezzo molto ricercato sul mercato. Per un ragguaglio puntuale sui prezzi e sulle aggiudicazioni, si possono consultare le aste organizzate da Bolaffi ambassador (www.bolaffi.it). Per approfondire la conoscenza del mercato si può dare un'occhiata al sito web www.forumfrancobolli.it.

SEGRETO n. 13: la crescita dell'economia cinese ha trascinato con sé anche un aumento di interesse nei confronti dei francobolli di quel paese e un conseguente incremento medio dei prezzi.

Collezionare monete

La numismatica è una disciplina che ha avuto sempre una sua nicchia di appassionati, che talvolta si è sovrapposta a quella dei filatelici, nel senso che chi collezionava francobolli collezionava anche monete. A differenza dei francobolli, le monete antiche hanno una storia più lunga e quindi sono presenti in quantità industriale.

Per questo motivo, ma non solo, non è detto che una moneta antica, per esempio di epoca romana, abbia un prezzo alto. Se ne possono trovare alcune che non costano più di qualche decina di euro.

Uno dei maggiori problemi per i collezionisti di monete è distinguere quelle vere da quelle fasulle. Bisogna avere sensibilità e notevole esperienza se non si vogliono rimediare delle sonore figuracce che ci possono anche alleggerire il portafoglio. Per maggiori ragguagli sull'identificazione delle monete antiche e sul loro mercato si può far riferimento, sul web, al sito www.lamoneta.it.

Se poi si passa al collezionismo moderno, si troveranno certamente più fonti e informazioni in merito. Il materiale con cui sono state realizzate le monete diventa il fattore principale per una loro valutazione economica. Hanno mercato e sono quotate queste valute:

- sterlina;
- marengo italiano;
- marengo svizzero;
- marengo belga;
- marengo austriaco;
- marengo francese;
- peso messicano (50 e 20);
- krugerrand;
- 4 ducati d'Austria;
- 100 corone d'Austria;
- 100 pesos Cile;
- marco (20);
- dollaro (10 e 20).

Per informazioni sui corsi si possono contattare i principali rivenditori privati, come per esempio la Cofinvest di Milano (www.confinvest.it).

Le monete d'argento, come per esempio quella storica da 1 dollaro, hanno un valore nettamente inferiore, anche perché la percentuale di metallo che contiene in molti casi non è eccezionale. Dal punto di vista collezionistico esistono monete d'oro e d'argento ricercate e altre con poca o pochissima richiesta. Le famosissime 500 lire, denominate "Caravelle", hanno una quota d'argento di 0,835, ma dal punto di vista dei prezzi non vanno oltre una manciata di euro.

Fondamentalmente le monete in lire, siano o no di metallo prezioso, hanno risentito negativamente dell'introduzione dell'euro. L'interesse collezionistico si è molto ridotto, anche se questo non impedisce che nel prossimo futuro possano cominciare a incrementare i propri valori. C'è anzi qualcuno che le ritiene un'allettante occasione di acquisto, proprio perché adesso sono ai minimi termini.

Non dobbiamo mai dimenticare, però, che i prezzi di catalogo delle monete implicano che queste siano "fior di conio", espressione equivalente al "fior di stampa" dei francobolli. Può dunque accadere che se le monete sono "intonse" valgono qualcosa, mentre se sono usate non valgono niente. Negli ultimi due anni l'incremento del prezzo dell'oro e dell'argento ha fatto schizzare in alto anche il valore delle monete coniate utilizzando quei due metalli. Le proposte di investimento non mancano e, a questo punto, c'è da scegliere se optare per i lingotti d'oro o per le monete d'oro.

La quantità d'oro contenuta nelle monete è piuttosto elevata e per questo motivo chi ha un bel gruzzolo potrebbe puntare su questo tipo di investimento, evitando così l'ingombro dei lingotti che si addicono comunque di più a chi ha disponibilità notevoli.

Il vantaggio di un investimento in monete d'oro è quindi quello di poter beneficiare del livello elevato della quotazione di tale metallo, indipendentemente da ogni rivalutazione legata all'interesse collezionistico.

SEGRETO n. 14: prima di lanciarsi nel collezionismo di monete bisogna farsi un esame di coscienza e capire se si vuole collezionare il materiale (per esempio l'oro) o si vuole collezionare la storia e la cultura (per esempio le monete della

Roma antica).

Collezionare titoli finanziari

Presenta delle affinità evidenti con il collezionismo di monete, anche se con un pubblico di appassionati più ristretto. Il collezionismo di titoli finanziari, che ha preso ben presto il nome di "Scripofilia", si è diffuso soprattutto a partire dalla metà degli anni '70 e ha per oggetto certificati azionari, obbligazionari e prestiti ormai fuori corso.

Non è raro trovarli nei mercatini delle pulci, o tra gli album di qualche nonno. Il loro prezzo è il più delle volte modico e varia dai 5 ai 50 euro. In certi casi si possono raggiungere cifre più alte, fino al prezzo record di oltre 120 mila dollari pagato per un certificato azionario del 1879 emesso dalla società americana Standard Oil. Nella valutazione dei certificati finanziari si dovrà far riferimento soprattutto a:

- rarità e reperibilità;
- periodo storico;
- bellezza estetica;
- firma prestigiosa;

- stato di conservazione.

Non è vero che i certificati finanziari più antichi costano più di quelli che lo sono meno. In questo senso conta il fatto che un titolo sia stato emesso in un periodo storico particolarmente ricercato a livello collezionistico. A questo proposito, i certificati emessi durante la Guerra di Secessione americana hanno un interesse collezionistico piuttosto nutrito.

La qualità del titolo, o meglio la sua bellezza estetica, incide sul prezzo finale soprattutto se vi sono anche delle piacevoli decorazioni di maestri incisori di fama. Fa schizzare poi le quotazioni in alto la firma apposta a un certificato finanziario da parte di una persona storicamente nota. Il sopraccitato certificato della Standard Oil era infatti a firma del mitico John Rockefeller. Per maggiori informazioni sulle caratteristiche di questo mercato si può fare riferimento, sul web, al sito specializzato www.scripofilia.it.

SEGRETO n. 15: il collezionismo di titoli finanziari è una delle nuove e più effervescenti frontiere del collezionismo a

buon mercato.

Collezionare dischi

Il collezionismo di dischi ha avuto una grande popolarità negli anni '50 e '60, ma anche oggi ha un suo stuolo di appassionati. Il prezzo di un disco è dovuto a una serie di fattori, i principali sono:

- rarità e reperibilità;
- popolarità del cantante o della band;
- legge della domanda e dell'offerta;
- stato di conservazione.

La rarità è probabilmente l'elemento che influenza maggiormente il prezzo finale. Si stima, infatti, che il 45 giri più costoso del mondo sia *Do I love you*, del non troppo conosciuto cantante soul americano Frank Wilson, stampato in sole due copie e venduto nel 2008 per 20 mila sterline.

La fama dei cantanti e delle band gioca comunque un ruolo di primaria importanza. Non si spiegherebbero altrimenti gli alti prezzi di stima di alcuni dischi in vinile dei Beatles, dei Sex Pistols e dei Queen. In questo caso la rarità si aggiunge alla popolarità producendo un risultato di eccellenza.

Molto importante, addirittura fondamentale, è poi lo stato di conservazione del prodotto. Non ci si deve limitare a una valutazione delle condizioni complessive del disco in vinile, ma anche della copertina e degli inserti.

Un disco senza la sua copertina ha un valore pressoché nullo, un po' come se fosse rigato o rotto. Di solito gli esperti elaborano una serie di indici sullo stato di conservazione di un disco e dei suoi allegati. Il livello più alto è detto "mint" e si constata ogni qualvolta ci si trova di fronte a un disco in perfette condizioni. Ciò nella pratica non si avviene quasi mai. È tuttavia possibile imbattersi in dischi in condizioni eccellenti, ottime, buone. La differenza si basa sul numero di volte in cui è stato ascoltato, sul fruscio che produce, sul fatto che la custodia abbia delle piegature o delle righe. Un disco in buone condizioni dovrebbe costare intorno alla metà del prezzo massimo di listino.

In giro ci sono molte fiere e mercati in cui fare la conoscenza del mercato del dischi. Il prezzo di listino, però, vale esclusivamente per i venditori professionali, ovvero, se un privato vuole collocare il suo disco in vinile, spunterà molto meno delle quotazioni ufficiali.

SEGRETO n. 16: l'esplosione del fenomeno dei mercatini dell'usato ha aumentato esponenzialmente l'offerta di dischi in vinile, ma attenzione: non sempre la quantità è sinonimo di qualità.

Collezionare fumetti

Il collezionismo di fumetti è diventato un fenomeno di massa a partire dalla fine degli anni '50, quando sono letteralmente esplose alcune strisce come *Tex*, *Diabolik* e *Zagor*. La prima serie di *Tex* "gigante", iniziata nel 1954 e formata da ventinove numeri, si può stimare intorno ai 20-25 mila euro e forse anche di più. Analoghi risultati li raggiungerebbe probabilmente la prima serie di *Zagor-zenith* "gigante", edita a partire dal 1955 in ventuno numeri.

Se si prendono le serie successive i valori si affievoliscono. Un *Diabolik* del 2000 precipita di valore sui 5-6 euro a numero e forse meno. *Tex*, *Diabolik* e *Zagor* sono alcuni dei fumetti italiani

più famosi e fortunati del dopoguerra. Oggi i collezionisti se ne contendono i numeri e le serie più importanti e ricercate. Ma non tutti i fumetti hanno avuto il loro stesso successo.
Fra i giovani degli anni ’70, ad esempio, era consuetudine leggere un fumetto dell’editrice Araldo dal titolo di *Il comandante Mark*, la cui storia si svolgeva nel 1700 durante la Guerra di Indipendenza americana. Questo fumetto, uscito nel 1966, ottiene buoni risultati a livello commerciale soltanto per alcuni numeri della prima edizione. Meno fortuna l’ha ottenuta *Mister No*, che narrava le avventure di un coraggioso personaggio che si muoveva nella foresta amazzonica. A pochi euro si possono acquistare i singoli numeri della prima edizione del 1975.

Volendo trarre alcune regole generali sul mercato collezionistico dei fumetti, si può affermare che il prezzo è determinato da:

- rarità;
- stato di conservazione;
- legge della domanda e dell’offerta;
- edizione.

Lo stato di conservazione ha un peso importante nella valutazione di un fumetto, tanto che si è soliti formulare tre tipologie diverse di prezzi in relazione alle condizioni generali delle opere. È inutile dire che, se vi sono pagine strappate o la copertina rovinata in modo irreversibile, il fumetto non ha alcun valore economico, mentre se le pagine sono solo ingiallite o con qualche segno di penna non ci si dovrà preoccupare più di tanto. Il fatto, però, di non avere un fumetto in eccellente condizioni di conservazione fa convergere verso il basso il suo valore di mercato.

Anche la situazione economica e finanziaria influenza il prezzo dei fumetti. Quando c'è recessione le quotazioni tenderanno ad abbassarsi, eccetto per quelle strisce di eccellente qualità e valore. Dal 2007 a oggi, infatti, il mercato sta attraversando una fase di contrazione, che comunque è seguita a una piuttosto ricca di soddisfazioni per il settore. Un altro fattore importante per la determinazione del prezzo è sicuramente la popolarità.

È vero che più un fumetto è raro e più costa, ma è anche sacrosanto che la fama di un personaggio è altrettanto significativa e può spostare verso l'alto le quotazione. Un fumetto di culto come *Dylan Dog* ha raggiunto valori economici alti, nonostante sia nato in epoca relativamente recente. È però vero che la serie completa si può acquistare facilmente a 800-1.000 euro, ovvero a un prezzo risibile rispetto a quello della prima serie di *Tex* e *Zagor*.

Un'altra regola del mercato dei fumetti vuole che le prime edizioni costino di più delle successive e che il primo numero sia quello che raggiunge i prezzi più alti. Il primo numero di *Diabolik* costa, a seconda dello stato di conservazione, dai 2.500 ai 6.500 euro (e anche oltre). A prezzi un po' più bassi si può spuntare il primo numero di *Tex*, mentre per l'equivalente di *Dylan Dog* si devono spendere tra i 150 e i 250 euro. Per maggiori ragguagli sui prezzi e sul mercato si può navigare sul sito www.collezionismofumetti.com.

SEGRETO n. 17: un collezionista deve sempre chiedersi se i prezzi di un fumetto sono trainati dalla moda effimera del momento e deve stare attento a non acquistare un prodotto che nel futuro prossimo potrebbe ragionevolmente svalutarsi.

Collezionare santini

Un collezionismo nuovo, ma in costante ascesa, è quello dei santini. A molte persone è capitato di procurarsene uno e di metterlo all'interno del proprio portafoglio, o in casa. Alla storica devozione nei confronti dei santi, tipica del nostro paese e di quelli cattolici in generale, si è ora aggiunta e sovrapposta quella verso il collezionismo di queste immagini sacre, che in Italia conta una truppa di appassionati stimata intorno alle 100.000 unità.

E non sono soltanto i credenti a fare incetta dei santini. Sembra paradossale, ma è così. Del resto il collezionismo non ha niente di sacro, ma è un interesse fortemente "secolarizzato", capace di attrarre gente con la mania dell'oggettistica e il culto dell'investimento a tutti i costi. Non bisogna però pensare che i santini che si reperiscono con facilità oggi e che quindi sono di produzione contemporanea, abbiano un valore alto. Basta andare in un qualsiasi negozio di immagini religiose per procurarsene uno a pochi centesimi di euro. D'altra parte i collezionisti di santini basano le loro fortune commerciali su grandi numeri, possedendo anche 50-100.000 esemplari. La verità, però, è che se non si acquisiscono santini realizzati parecchio indietro nel tempo è veramente arduo pensare di poter compiere l'affare della propria vita.

I santini che costano di più sono i cosiddetti Canivet settecenteschi, che possono anche arrivare a costare 2-3.000 euro. Molto ricercati sono poi i "fiamminghi" incisi su pergamena, il cui prezzo raramente supera i 500 euro. Seguono poi i santini del XVII e del XVIII secolo. Le cromolitografie del XIX secolo, salvo eccezioni, fanno fatica a superare i 50 euro.

Per approfondire la conoscenza di questo mercato collezionistico, si può navigare sui siti www.collezionaresantini.com e www.ilmondodeisantini.com.

SEGRETO n. 18: il collezionismo dei santini non si indirizza soltanto alle persone religiose, ma anche ai non credenti che, per ovvie ragioni, sono motivati prevalentemente dall'interesse economico.

Su Ebay c'è tutto

Oggi la regina delle aste, il termometro dei prezzi dei più incredibili gadget da collezionismo è diventato Ebay. In questa arena dove tutto sembra possibile le offerte e le richieste si rincorrono. Ma qual è il prezzo che si è dovuto pagare a questo mercato che assomiglia a un gran bazar o suk orientale? Chi vende oggi lo fa a quotazioni sempre più scontate. Ebay è diventato il santuario di chi compra e acquista a buon mercato ed è riuscito a dare un prezzo a ogni oggetto da collezionismo esistente. Un esempio? I gagliardetti. Questi piccoli stendardi sono abbastanza richiesti, specie se provengono da importanti squadre di calcio. Per assicurarsene uno si arrivano a pagare in media dai 5 ai 50 euro.

Su Ebay si vendono anche questi oggetti:

- calendari;
- riviste e giornali d'epoca;
- militaria;
- portachiavi;
- carillon;
- poster;
- giochi in scatola e puzzle;
- bambole;
- aquiloni, biglie e yo-yo;
- peluche e orsacchiotti;
- soldatini;

- robot;
- Lego e costruzioni;
- abbigliamento vintage;
- strumenti e spartiti musicali;
- grammofoni e radio d'epoca;
- armature;
- coltelli;
- bastoni;
- penne stilografiche;
- modellini di auto e piste elettriche;
- trenini;
- ricami;
- cartoline.

Per conoscere i prezzi di mercato di questi oggetti da collezione, in assenza di altri canali commerciali ufficiali e trasparenti, il palcoscenico rappresentato da Ebay è sicuramente quello più significativo.

SEGRETO n. 19: seguire le aste e le offerte su Ebay diventa

un percorso obbligato per chi vuole battere la strada di un collezionismo economico e consapevole.

RIEPILOGO DEL CAPITOLO 3:

- SEGRETO n. 13: la crescita dell'economia cinese ha trascinato dietro di sé anche un aumento di interesse nei confronti dei francobolli di quel paese e un conseguente incremento medio dei prezzi
- SEGRETO n. 14: prima di lanciarsi nel collezionismo di monete bisogna farsi un esame di coscienza e capire se si vuole collezionare il materiale (per esempio l'oro) o si vuole collezionare la storia e la cultura (per esempio le monete della Roma antica).
- SEGRETO n. 15: il collezionismo di titoli finanziari è una delle nuove e più effervescenti frontiere del collezionismo a buon mercato.
- SEGRETO n. 16: l'esplosione del fenomeno dei mercatini dell'usato ha aumentato esponenzialmente l'offerta di dischi in vinile, ma attenzione: non sempre la quantità è sinonimo di qualità.
- SEGRETO n. 17: un collezionista deve sempre chiedersi se i prezzi di un fumetto sono trainati dalla moda effimera del momento e deve stare attento a non acquistare un prodotto che nel futuro prossimo potrebbe ragionevolmente svalutarsi.

- SEGRETO n. 18: il collezionismo dei santini non si indirizza soltanto alle persone religiose, ma anche ai non credenti che, per ovvie ragioni, sono motivati prevalentemente dall'interesse economico.
- SEGRETO n. 19: seguire le aste e le offerte su Ebay diventa un percorso obbligato per chi vuole battere la strada di un collezionismo consapevole.

CAPITOLO 4:

Come far fruttare la propria collezione

Collezionare manoscritti e autografi

A ognuno di noi sarà capitato almeno una volta nella vita di farsi fare l'autografo da una persona importante. Oltre all'aspetto dell'affettività, l'autografo può anche rappresentare una fonte economica non disprezzabile, specialmente se si è incappati nel divo del secolo. In America per esempio c'è un uomo che ha messo all'asta gli autografi di tutti gli attori e le attrici che hanno vinto il premio Oscar. Le cifre che vengono richieste per le firme di certi personaggi del cinema sono davvero strabilianti: Marilyn Monroe costa per esempio 20-30 mila euro.

Per i divi di casa nostra i prezzi sono più modici. Autografi su foto di attori come Vittorio Gassman, Alberto Sordi e Marcello Mastroianni, vanno da 50 a 200 euro. Per una diva della musica lirica come la Callas si spendono 700-800 euro. Più o meno alle stesse cifre si vendono le firme di D'Annunzio e di Pietro

Mascagni. A poco di più ci si mette in casa una foto firmata da Mussolini. A 500 euro si può comprare un autografo su foto di De Gasperi e a meno della metà quello di Duke Ellington e Ben Goodman, rinomati artisti del jazz.

Fino all'avvento della fotografia gli autografi venivano apposti essenzialmente sui documenti e sulle lettere. Potevano essere missive private oppure atti ufficiali e amministrativi. Tutti i personaggi storici italiani ne ha prodotta qualcuna, ma i prezzi di mercato non sono gli stessi. Nella determinazione del prezzo giocano questi fattori:

- importanza storica del personaggio che firma;
- importanza storica del manoscritto;
- rarità;
- lunghezza e complessità;
- comprensibilità a livello ortografico;
- stato di conservazione.

Più il personaggio è famoso e più c'è la possibilità che raggiunga prezzi alti, anche se spesso succede che manoscritti di personaggi illustri siano meno quotati di altri realizzati da persone meno importanti. In questi casi il contenuto gioca un ruolo fondamentale. Se è ritenuto di interesse collezionistico, può valere molto anche se scritto da un Carneade. La rarità poi deve essere valutata in rapporto al numero di lettere scritte nel periodo storico preso in esame. Le lettere di Mussolini scritte dopo l'8 settembre costano sensibilmente di più di tutte le altre, proprio perché in quegli anni la sua produzione cartacea era piuttosto bassa.

Una firma apposta su una busta o su una cartolina ha inoltre un valore significativamente minore di una lettera lunga due o tre pagine. Pure l'identità del destinatario è importante ai fini della determinazione del valore commerciale finale. Se la missiva è indirizzata a una persona di notevole rilevanza e magari tratta di questioni cruciali e poco conosciute, il prezzo non potrà che spostarsi verso l'alto.

Lo stato di conservazione è sì importante, ma non quanto la certezza dell'autenticità. Per questo motivo, se si vuole comprare, è bene affidarsi a case d'asta serie. Tra queste si possono ricordare Bloomsbury Auctions (www.bloomsburyauctions.com) e Dorotheum (www.dorotheum.com). Per le stime degli autografi si può consultare il catalogo specialistico pubblicato dalle edizioni Unificato.

SEGRETO n. 20: in un'epoca in cui il computer ha praticamente cancellato la scrittura a mano, non c'è da stupirsi che il mercato di manoscritti e autografi stia attraversando una fase particolarmente felice, nonostante le crisi economiche che potrebbero ostacolarne la crescita.

Collezionare automobili d'epoca

Il collezionismo di auto d'epoca ha contagiato nell'ultimo decennio un numero crescente di italiani. Cominciamo con il dire che si definisce auto d'epoca una vettura che ha almeno 30 anni e in questo modo gode di una serie di agevolazioni come l'esenzione dal pagamento del bollo.

Chi colleziona auto d'epoca non lo fo soltanto perché ha delle facilitazioni fiscali, ma soprattutto perché è un appassionato che vuol trarre beneficio dall'incremento nel tempo dell'investimento realizzato. Nessuno però ha la bacchetta magica e, chi pretende di acquistare auto anni '70 e '80 per ottenere delle performance finanziarie strabilianti, dovrà ben presto ricredersi. I prezzi più elevati riguardano soprattutto i modelli prodotti tra gli anni ’30 e gli anni ’60. Il record finora registrato per un’auto è di oltre 6 milioni euro per una Mercedes Benz SSK del 1929. Il prezzo di un’auto d’epoca è influenzato essenzialmente da questi fattori:

- marca prestigiosa;
- epoca;
- rarità;
- richiesta collezionistica sostenuta;
- stato di conservazione.

L’elemento rarità è molto importante, nel senso che meno modelli sono stati prodotti e più ci sono possibilità che il loro prezzo sia alto. Tutto questo si rivela inutile, però, se non c’è anche una richiesta specifica dei collezionisti per quel tipo di auto. Un’auto rara, ma che non vuole nessuno perché brutta, non potrà mai avere delle quotazioni sostenute.

È poi molto importante lo stato di conservazione. Non si può certo pretendere che auto di 60 o 70 anni fa mostrino le stesse performance di un tempo, ma un minimo di standard qualitativo deve essere sopravvissuto perché possano attirare l'interesse del collezionista. Per valutare questo aspetto si deve spostare la nostra analisi su due punti:

- la carrozzeria;
- il motore.

La prima deve essere il più possibile integra e le poche parti sostituite devono essere originali. Il motore deve essere funzionante e, in ogni caso, ciascun problema riscontrato non può non incidere sul prezzo finale.

Pertanto determinare il prezzo giusto di un'auto d'epoca è piuttosto arduo, perché si devono valutare fattori che abbisognano di una competenza specifica. Per farla breve, se il prezzo di mercato di un'auto si può trarre dalle riviste specializzate, le sue caratteristiche interne ed esterne (carrozzeria e motore) necessitano della consulenza di un terzo (un meccanico). Chi vuole saperne di più può consultare i forum proposti da alcuni siti web come www.passionedauto.it, www.autodepoca.it, www.autopareri.com.

SEGRETO n. 21: il collezionismo di auto d'epoca non può essere affrontato con superficialità, ma richiede grande motivazione, conoscenze tecniche e danaro.

Collezionare vini pregiati

Un settore di punta del collezionismo nostrano è quello che ha come oggetto i vini e dalle nostre parti non è difficile procurarsene anche di eccellenti. Ogni regione ha i suoi, anche se quelli di punta risultano essere i toscani e i piemontesi.

La decisione di collezionare vino è sicuramente sofferta. Facendo questa scelta, infatti, ci si priva ogni volta del privilegio di assaggiare vini di pregio. L'obiettivo collezionistico, si sa, è quello di fare invecchiare il vino per qualche hanno, in modo da avere un prodotto facilmente vendibile negli appuntamenti che contano. Tra questi si ricordano le non poche aste che vengono bandite a livello internazionale e che non raramente portano ad aggiudicazioni straordinarie, come la bottiglia di Chateau Lafite Rothschild che nel 2010 è stata battuta a 233.972 dollari.

Il prezzo di una bottiglia di vino è dato essenzialmente da:

- rarità;
- qualità;
- notorietà dell'etichetta a livello internazionale;
- stato di conservazione.

I vini italiani che possono garantire grande qualità e notorietà, in un mercato che è anche soggetto alle mode, non sono poi tanti: Barolo, Barbera, Sassicaia e Masseto sono tra quelli a cui un collezionista dovrebbe necessariamente puntare per progettare le proprie strategie di investimento. Il settore dei vini deve essere considerato anche secondo questa ottica, considerando anche le notevoli rivalutazioni che in questi ultimi anni hanno ottenuto i prodotti di eccellenza.

La richiesta di vini è soggetta poi alle mode del momento. Se nel recente passato erano più richiesti i vini rossi, adesso la preferenza è per quelli bianchi. Per valutare appieno un vino a livello collezionistico si dovrà tenere conto dell'annata in cui è stato prodotto. Può sembrare strano, ma certi vini di pregio, a distanza anche di un solo anno, registrano prezzi completamente diversi.

Il vino, poi, deve essere custodito in appositi locali, le cantine, dove la temperatura è quella giusta, non c'è umidità, né filtra troppa luce. Il colore e il sapore sono due parametri per misurare la qualità del vino. Una sua cattiva conservazione può portare a un gusto vicino a quello del Marsala o dell'aceto. L'aspirante collezionista di vini si dovrà orientare su etichette di pregio che, a differenza di altre, hanno maggiori possibilità di rivalutarsi nel tempo.

Per iniziare si potrà creare una cantina, spendendo tra i 5 e i 10 mila euro, con un orizzonte di investimento di 5-10 anni legato al naturale invecchiamento del vino acquistato. Soltanto se al termine di quel lasso di tempo ci rendiamo conto di aver fatto un investimento sbagliato potremo stappare la bottiglia e bere quel vino. Nel frattempo, per brindare o pasteggiare è meglio orientarsi su vini meno costosi e non da collezione.

Per i prezzi è bene consultare le aggiudicazioni delle aste nazionali e internazionali, come quelle che si svolgono periodicamente da Pandolfini a Firenze (www.pandolfini.it).

SEGRETO n. 22: possedere bottiglie di pregio è alla portata di tutti, collezionare vini famosi è invece patrimonio di pochi.

Collezionare strumenti musicali

Il mercato degli strumenti musicali è piuttosto eterogeneo, nel senso che alcuni hanno più successo di altri. In linea di massima, se gli strumenti a fiato (tromba, sassofono) e ad arco (violino) vivono una fase espansiva, quelli a corde (pianoforte) segnano un po' il passo.

Succede molto spesso che ad acquistare uno strumento musicale siano gli studenti. In questo caso la qualità media e il prezzo risulta essere piuttosto basso. Il vero collezionista, invece, non si accontenta di strumenti dozzinali, prodotti in serie, ma guarda soprattutto alle creazioni artigianali di pregio.

Se deve scegliere tra un pianoforte a muro e uno a coda, di solito il collezionista si orienta sul secondo. Il prezzo in questo caso fa selezione, nel senso che uno studente, che è incerto sul suo futuro professionale di pianista, o lo noleggia o ne acquista uno a un prezzo modico. Il collezionista invece, che spesso è anche un pianista, sceglie inevitabilmente uno strumento a coda, i cui prezzi hanno una forchetta tra i 15.000 e i 100.000 euro, a seconda della marca.

C'è però da chiedersi se collezionare pianoforti sia un vero investimento. Lo è sicuramente per l'anima, dal momento che il suono che riesce a sprigionare uno strumento del genere è incredibile. Ma per le tasche non si può fare lo stesso ragionamento. Benché un pianoforte di qualità e di marca tenda a non svalutarsi nel tempo, non si può certo affermare che sia un investimento destinato a rivalutarsi.

Se si punta a questo, meglio orientarsi al mercato dei violini, naturalmente italiani e fabbricati a Cremona, città che annovera grandi maestri liutai come Stradivari, il più conosciuto, Guarneri, il suo rivale e Amati, l'insegnante di entrambi. Le loro produzioni sono rinomate e costano un occhio della testa. Contrariamente a quanto si pensa, il più costoso non è Stradivari – anche se i suoi violini vengono venduti tranquillamente a un milione di euro – ma Guarneri. Il motivo è dato dal fatto che di quest'ultimo si conoscono soltanto poco più di 150 violini funzionanti, contro i

500 e poco più di Stradivari. La rarità, in questo caso, gioca un ruolo fondamentale.

Se per un violino italiano del XVII-XVIII secolo si arriva a spendere non meno di 150-200.000 euro, per i violini moderni i valori medi sono sensibilmente più bassi. Da un liutaio italiano si può acquistare un violino decente anche a 5.000 euro, essendo tuttavia consapevoli dell'esistenza di strumenti che si vendono a cifre considerevolmente più alte (ad esempio 100.000 euro), specie quelli prodotti da rinomati liutai italiani del Novecento. Il prezzo di un violino è essenzialmente influenzato da:

- rarità;
- italianità;
- prestigio dell'autore;
- antichità;
- stato di conservazione;
- autenticità certa.

È un indizio di buona conservazione anche la qualità del suono. Per il resto un violino dovrebbe essere analizzato minuziosamente per individuare eventuali imperfezioni, restauri o danneggiamenti, che ne abbassano inevitabilmente il prezzo.

Più difficile stabilirne l'autenticità, dal momento che la falsificazione è un'arte praticata con grande impegno nel corso dei secoli. D'altra parte è vero che le etichette apposte sugli strumenti, e che ne reclamano una ben determinata provenienza, non devono trarre in inganno anche perché talvolta sono fallaci. In questo caso è bene indirizzarsi verso associazioni di liutai accreditate in Italia e all'estero che sono in grado di rilasciare gli appositi certificati.

L'eccedenza della domanda di violini rispetto all'offerta è una caratteristica che depone positivamente per la rivalutazione di questi strumenti nel tempo. Ma acquistare un violino per investimento e tenerlo in soffitta non è la mossa più azzeccata. Bisogna trovare il modo di suonarlo, per migliorarne la qualità. È per questo che il binomio violinista-collezionista risulta essere vincente. Il collezionista può trovare utili ragguagli sul web, navigando per esempio sul sito www.violino.it.

SEGRETO n. 23: chi colleziona violini di pregio di solito li affitta a violinisti esperti, dopo avere stipulato un'apposita polizza assicurativa con una compagnia.

Collezionare preziosi

Una branca importante del collezionismo moderno è rappresentata dai cosiddetti "preziosi". Si tratta di pietre, come i diamanti, i rubini, gli smeraldi e gli zaffiri, così definite in forza della loro bellezza e rarità. La rarità, a differenza di altri oggetti del collezionismo, non influenza direttamente il prezzo delle pietre, ma ne rappresenta la condizione principale senza la quale non si potrebbe parlare di preziosità. Se si parla di diamanti, il prezzo è determinato da quattro fattori:

- taglio;
- purezza;
- peso;
- colore.

Sul concetto di purezza non ci dovrebbero essere dubbi. Più il diamante è puro e più il suo valore tende verso l'alto. Il peso è misurato, invece, attraverso lo strumento dei carati. Un carato corrisponde a 0,20 grammi. Ovviamente, più carati ha il diamante e più vale.

Per avere un valore elevato, il diamante deve essere incolore e senza sfumature che tendono al giallo. Importante, quando non fondamentale, è il taglio, operazione realizzata sulla pietra grezza che mira a svilupparne la brillantezza. Questi elementi sarebbero insufficienti, o addirittura inutili, se non vi fosse un altro fattore da tenere presente, senza il quale il diamante avrebbe valore nullo o ridotto. Stiamo parlando della sua autenticità, da certificare attraverso canali definiti e prestabiliti.

I certificati riconosciuti sono quelli dell'Alto Consiglio per i Diamanti (HRD) con sede ad Anversa, e quelli dell'Istituto Gemmologico Internazionale (IGI). È riconosciuta anche la certificazione a opera dell'Istituto Gemmologico Americano (GIA).

Considerazioni analoghe si possono fare anche rispetto alle altre pietre preziose. Il messaggio che il collezionista deve recepire è questo: mai acquistare dei preziosi senza farsi rilasciare il certificato gemmologico da un laboratorio riconosciuto.

SEGRETO n. 24: nei periodi di crisi, i diamanti diventano beni-rifugio paragonabili all'oro.

Collezionare reperti archeologici

Quello dei reperti archeologici è sicuramente un mercato di nicchia, soprattutto per i molti vincoli e le molte restrizioni imposti al possesso e alla circolazione. Per questo motivo il collezionismo di reperti archeologici etruschi è confinato pressoché nella clandestinità e alimenta un più o meno fiorente mercato nero. In giro ci sono molti oggetti frutto delle razzie dei cosiddetti tombaroli; pezzi di secondo piano con un valore medio di 300-400 euro, massimo 1.000.

Non per questo i reperti archeologici etruschi sono assenti dalle aste, anche se la percentuale di invenduti per le opere di una certa importanza è proporzionalmente più alta rispetto a quella degli oggetti di diversa provenienza. Sul mercato c'è una discreta offerta di materiale proveniente dall'antica Grecia (Beozia, Attica, Corinto, Micene ecc.), dall'Egitto e da Roma.

I prezzi possono variare dai 1.000-2.000 euro, per il vasellame di secondaria importanza, ad alcune decine di migliaia di euro, necessarie per acquisire sarcofaghi romani o sculture di pregio.

Il problema maggiore per chi si avvicina a questo tipo di collezionismo è riuscire a capire quando si ha davanti un pezzo originale e quando invece si tratta di una riproduzione. Il rischio di incorrere in materiale trafugato o di provenienza illecita è sempre piuttosto alto, per cui se si vuole stare tranquilli bisogna rivolgersi a mercanti fidati o a case d'asta serie.

SEGRETO n. 25: per avvicinarsi al collezionismo di reperti archeologici ci vuole grande sangue freddo, anche perché il rischio che si corre è in genere piuttosto alto.

RIEPILOGO DEL CAPITOLO 4:

- SEGRETO n. 20: in un'epoca in cui il computer ha praticamente cancellato la scrittura a mano, non c'è da stupirsi che il mercato di manoscritti e autografi stia attraversando una fase particolarmente felice, nonostante le crisi economiche che potrebbero ostacolarne la crescita.
- SEGRETO n. 21: il collezionismo di auto d'epoca non può essere affrontato con superficialità, ma richiede grande motivazione, conoscenze tecniche e danaro.
- SEGRETO n. 22: possedere bottiglie di pregio è alla portata di tutti, collezionare vini famosi è invece patrimonio di pochi.
- SEGRETO n. 23: chi colleziona violini di pregio di solito li affitta a violinisti esperti, dopo avere stipulato un'apposita polizza assicurativa con una compagni.
- SEGRETO n. 24: nei periodi di crisi, i diamanti diventano beni-rifugio paragonabili all'oro.
- SEGRETO n. 25: per avvicinarsi al collezionismo di reperti archeologici ci vuole grande sangue freddo, anche perché il rischio che si corre è in genere piuttosto alto.

Conclusione

Il collezionismo ha favorito molti affari succulenti, ma in certi casi ha anche tradito molte aspettative. Alcuni collezionisti hanno creduto ciecamente in qualcosa che poi è svanito nel nulla o quasi, secondo la dinamica delle bolle di sapone: il bambino le fabbrica con un soffio e l'aria le inghiottisce in un attimo.

Chi ha rovinato tutto, nella fattispecie, è quella che comunemente si definisce *moda*. Bisogna sempre guardarsi dalle sue lusinghe che ottenebrano la mente anche del collezionista più avveduto. La moda accorcia gli orizzonti temporali di investimento del collezionista, facendogli credere che a breve termine si possano consumare lauti affari. Chi è, invece, un po' più scaltro, capirà che un investimento è il più delle volte sterile se non ha l'ampio respiro assicurato da una durata che si spalma nel medio-lungo periodo.

Chi avrebbe però convinto della giustezza di questi argomenti i tanti giovani e meno giovani che, negli anni '80, in piena estasi di colori e divertimento, si agghindarono imperiosamente di strani orologi noti con il nome di Swatch? Costavano un sacco di soldi ed erano anche spacciati come investimento. Chi voleva essere trendy doveva metterne uno al polso e un altro nel cassetto. Fu una febbre che durò un decennio per poi riparare nel dimenticatoio. Ma chi in quegli anni investì negli Swatch, adesso che cos'ha in mano? Essenzialmente degli oggetti che valgono singolarmente qualche euro, talvolta qualche decina di euro, eccezionalmente 200-300 euro.

In poche parole, si tratta di un investimento sfortunato fatto dal collezionista in un'epoca in cui era solo la moda a trainare quel tipo di acquisti. Se passiamo al decennio successivo, ovvero agli anni '90, ci imbattiamo in un altro fenomeno di costume: il collezionismo di schede telefoniche. La gente batteva palmo a palmo i tabaccai della propria città per assicurarsele. Io invece mi domandavo (per istinto e non perché fossi più furbo degli altri): ma che valore artistico potranno mai avere?

È vero sì che il prezzo dei classici oggetti da collezione è determinato in misura evidente dalla rarità e reperibilità degli stessi, ma anche la qualità intrinseca deve per forza giocare un ruolo ben definito. Eppure nella fattispecie faticavo a comprendere dove fosse la qualità.

Se diamo un'occhiata alle centinaia di offerte su Ebay di carte telefoniche capiremo subito che il mercato in auge negli anni '90, si è ormai arenato. Si fatica a vendere le singole carte anche a 1 euro o addirittura a 50 centesimi.

Chi anni fa ha comprato quegli oggetti ha fatto un cattivo affare, ma probabilmente ha vissuto momenti di svago e di piacere. Questo è forse l'unico premio che hanno ricevuto. Fino a trent'anni fa uno degli hobby più diffusi tra i padri di famiglia era quello di dotarsi di una raccolta completa di volumi di un'enciclopedia da lasciare ai figli. L'interesse era così radicato da sostenere gruppi nutriti di venditori porta a porta che promuovevano il proprio marchio.

Sappiamo tutti come è andata a finire. Internet ha spiazzato tutti con la libera enciclopedia di *Wikipedia* e con un'informazione facilmente reperibile con un semplice clic del mouse. Le enciclopedie classiche sono divenute quindi un prodotto quasi di antiquariato, con l'aggravante che non si rivalutano nel tempo e occupano troppo spazio sugli scaffali delle biblioteche.

I grandi cambiamenti di questi tempi avrebbero potuto provocare effetti più catastrofici in certi settori e nicchie del collezionismo. Prendiamo per esempio oggetti come le pipe e le penne. La lotta senza quartiere al fumo avrebbe potuto mettere in ginocchio un collezionismo come quello, ma il fatto che sia sorretto *in primis* dai fumatori lo ha praticamente salvato.

L'avvento di Internet e soprattutto della posta elettronica, unito al sempre più frequente ricorso agli SMS, avrebbe potuto ghettizzare il collezionismo di penne. Ciò non è avvenuto, anche perché possedere una stilografica e usarla ha sempre un suo appeal. Infatti il fascino di certi marchi, come Montblanc, resiste nel tempo.

Come si è visto, per il collezionista le insidie sono molte. Avere dato alcuni consigli basilari per potersi muovere agevolmente in questo difficile mondo è un ottimo punto di inizio per scelte meditate e consapevoli che il lettore, a questo punto, sarà in grado di fare e soprattutto dovrà fare. L'importante, naturalmente, è non farsi travolgere dalle mode, perché i gusti con il tempo cambiano. Se un Rolex resiste nel tempo, lo Swatch è durato soltanto una stagione. Questo dobbiamo sempre ricordarlo.

www.ingramcontent.com/pod-product-compliance
Ingram Content Group UK Ltd.
Pitfield, Milton Keynes, MK11 3LW, UK
UKHW022015190726
13853UKWH00005B/1948

9 788861 745087